Le Guide Ultime d'Automatisation

Maîtrisez n8n pour automatiser vos workflows : installation, intégrations, API, IA et optimisation avancée

Introduction à n8n

Qu'est-ce que n8n ?

n8n est un outil d'automatisation open-source qui permet d'orchestrer des workflows intelligents avec une flexibilité avancée. Contrairement aux plateformes SaaS fermées comme Zapier ou Make, n8n offre un contrôle total sur l'exécution des workflows, le stockage des données et l'intégration avec des systèmes personnalisés.

Basé sur **Node.js**, il propose une interface visuelle intuitive où les utilisateurs peuvent créer des automatisations en connectant des blocs (appelés "nœuds") pour interagir avec des API, des bases de données, des applications SaaS et des scripts personnalisés.

Avantages de n8n par rapport à d'autres outils

1. **Open-source et auto-hébergé** : Pas de dépendance à une plateforme tierce, garantissant plus de sécurité et de confidentialité.
2. **Personnalisable et extensible** : Supporte le code personnalisé en JavaScript, permettant des automatisations plus sophistiquées.
3. **Exécution locale ou cloud** : Possibilité de le déployer sur un serveur, un VPS ou localement, offrant un contrôle total sur les workflows.
4. **Modèle de tarification avantageux** : Contrairement à Zapier, qui impose des abonnements mensuels coûteux, n8n est accessible gratuitement avec une version communautaire robuste.
5. **Gestion avancée des données** : Prise en charge des bases de données, API REST, Webhooks et intégration avec des systèmes complexes.

Cas d'usage et industries où n8n est utile

n8n est utilisé dans de nombreux domaines pour automatiser des tâches répétitives, réduire les coûts opérationnels et améliorer l'efficacité des workflows.

- **Développement d'agents IA**
  - Automatisation du scraping de données pour entraîner un modèle d'IA
  - Orchestration de pipelines NLP (Natural Language Processing)
  - Intégration de modèles LLM (Large Language Models) avec des bases de données
- **Marketing et Growth Hacking**
  - Collecte et enrichissement de leads via API et bases de données
  - Automatisation des campagnes e-mailing et gestion des audiences
- **DevOps et Systèmes IT**
  - Surveillance et gestion des infrastructures cloud
  - Déclenchement automatique d'alertes et d'actions en cas d'incident
- **E-commerce et SaaS**
  - Intégration avec Shopify, WooCommerce et CRM
  - Automatisation de la gestion des stocks et du support client

Ce guide explorera en détail comment exploiter toute la puissance de n8n, des bases aux fonctionnalités avancées, pour créer des workflows intelligents adaptés à tous les besoins.

Chapitre 2 : Installation et Configuration de n8n

Dans ce chapitre, nous allons voir comment installer et configurer **n8n**, aussi bien pour un usage **local** que pour une installation **serveur** en production. Nous allons également explorer la **sécurisation et l'authentification** afin de garantir un accès protégé à votre instance.

Que vous soyez un **débutant** souhaitant tester n8n sur votre machine ou un **utilisateur avancé** voulant le déployer sur un serveur sécurisé, ce guide vous accompagnera pas à pas.

2.1 Installation en Local

L'installation en local est idéale pour **découvrir n8n, tester des workflows** et **développer des automatisations** avant un déploiement en production. Vous pouvez l'installer de trois façons :

1. **Avec Node.js (npx ou npm) — La plus simple**
2. **Avec Docker — Pour une installation isolée et portable**
3. **Avec un fichier Docker Compose — Pour une configuration avancée**

Méthode 1 : Installation avec Node.js (npx ou npm)

1-Vérifier que Node.js est installé

Ouvrez un terminal et tapez :

```
node -v
```

Vous devez voir une version affichée, par exemple :

```
v18.17.0
```

Si Node.js n'est pas installé, téléchargez-le ici : https://nodejs.org/

2-Installer n8n globalement avec npm

npm install -g n8n

Cela installe **n8n** en tant que commande accessible partout sur votre machine.

3-Démarrer n8n

n8n

Vous verrez un message indiquant que **n8n fonctionne sur le port 5678** :

Editor is now accessible via: http://localhost:5678

Accédez à n8n en ouvrant : http://localhost:5678

Méthode 2 : Installation avec Docker (Recommandé pour tester sans polluer votre système)

1-Installer Docker

- Sur Windows / Mac : Installez Docker Desktop
- Sur Linux (Ubuntu/Debian) :
- sudo apt update
- sudo apt install docker.io -y

2-Lancer n8n avec Docker

Exécutez cette commande :

docker run -it --rm -p 5678:5678 n8nio/n8n

Accédez à n8n ici : http://localhost:5678

3-Utiliser un volume pour sauvegarder les workflows

Si vous voulez garder vos workflows après chaque redémarrage, utilisez un volume :

docker run -it --rm -p 5678:5678 -v ~/.n8n:/home/node/.n8n n8nio/n8n

---

Méthode 3 : Installation avec Docker Compose (Configuration avancée)

Si vous utilisez Docker **régulièrement**, il est préférable d'utiliser **Docker Compose** pour mieux gérer les mises à jour et configurations.

1-Créez un fichier `docker-compose.yml`

Dans un dossier dédié, créez un fichier avec ce contenu :

```yaml
version: "3"

services:
  n8n:
    image: n8nio/n8n
    restart: always
    ports:
      - "5678:5678"
    volumes:
      - ~/.n8n:/home/node/.n8n
```

2-Lancer n8n avec Docker Compose

```
docker-compose up -d
```

Accédez à n8n ici : http://localhost:5678

2.2 Déploiement sur un Serveur (VPS, Cloud, Kubernetes)

Si vous souhaitez exécuter **n8n** en production, vous devez l'héberger sur un **serveur dédié ou cloud**. Nous allons explorer :

1. **Déploiement sur un VPS (Linux - Ubuntu/Debian)**
2. **Déploiement avec Docker Compose**
3. **Déploiement avec Kubernetes (Helm Charts)**

Déploiement sur un VPS (Linux - Ubuntu/Debian)

1-Préparer le serveur

Connectez-vous à votre serveur en SSH :

ssh user@your-server-ip

Mettez à jour le système :

sudo apt update && sudo apt upgrade -y

Installez Node.js et npm :

curl -fsSL https://deb.nodesource.com/setup_18.x | sudo -E bash -
sudo apt install -y nodejs

2-Installer n8n et le lancer

sudo npm install -g n8n
n8n

Accédez à n8n ici : http://your-server-ip:5678

Déploiement sécurisé avec Docker Compose

Ajoutez ces variables pour activer l'authentification :

environment:
  - N8N_BASIC_AUTH_ACTIVE=true
  - N8N_BASIC_AUTH_USER=admin
  - N8N_BASIC_AUTH_PASSWORD=securepassword

Puis démarrez :

docker-compose up -d

Déploiement avec Kubernetes (Avancé)

1. Ajouter le repo Helm

helm repo add n8n https://helm.n8n.io/

2. **Installer n8n avec Helm**

```
helm install my-n8n n8n/n8n
```

2.3 Sécurisation et Authentification

Par défaut, n8n n'a pas d'authentification activée ! Il est crucial d'ajouter une protection en production.

Activer l'authentification avec des variables d'environnement

Ajoutez ces lignes dans votre .bashrc ou .env :

```
export N8N_BASIC_AUTH_ACTIVE=true
export N8N_BASIC_AUTH_USER=admin
export N8N_BASIC_AUTH_PASSWORD=strongpassword
```

Ou dans **Docker Compose** :

```
environment:
  - N8N_BASIC_AUTH_ACTIVE=true
  - N8N_BASIC_AUTH_USER=admin
  - N8N_BASIC_AUTH_PASSWORD=securepassword
```

Sécuriser avec un Reverse Proxy (NGINX + SSL)

1. **Installez NGINX**

```
sudo apt install nginx -y
```

2. **Ajoutez cette configuration** dans /etc/nginx/sites-available/n8n :

```
server {
  listen 80;
  server_name yourdomain.com;
  location / {
    proxy_pass http://localhost:5678;
  }
}
```

3. **Activez SSL avec Let's Encrypt**

```
sudo certbot --nginx -d yourdomain.com
```

Conclusion

Vous avez appris **comment installer et configurer n8n** pour différents usages, de l'installation locale au **déploiement sécurisé en production**.

Chapitre 3 : Interface et Fonctionnalités de Base de n8n

Dans ce chapitre, nous allons explorer l'**interface utilisateur** de n8n et découvrir comment créer et gérer des workflows. Nous allons également voir les **nœuds (Nodes)**, les différents types de connexions et les outils de **débogage**.

Que vous soyez débutant ou avancé, ce guide vous permettra de **prendre en main n8n rapidement** et de commencer à automatiser vos tâches efficacement.

3.1 Vue d'ensemble du Dashboard n8n

Une fois **n8n** installé et lancé (voir Chapitre 2), ouvrez votre navigateur et accédez à l'interface via **http://localhost:5678** (ou votre serveur en production).

L'interface est divisée en plusieurs sections :

1. **Barre supérieure** :
     o **Exécuter le workflow**
     o **Sauvegarder**
     o **Importer / Exporter** un workflow
     o **Paramètres globaux**
2. **Zone centrale (Canvas)** :
     o Espace où vous ajoutez et connectez vos **nœuds**
3. **Panneau latéral droit** :
     o **Logs d'exécution**
     o **Erreurs et résultats des workflows**
4. **Panneau latéral gauche (Nodes Panel)** :
     o Liste des **nœuds disponibles** (HTTP Request, Webhooks, Gmail, etc.)

3.2 Création d'un Premier Workflow

Un workflow est une **suite d'actions automatisées**, connectées entre elles sous forme de **nœuds**.

Exemple 1 : Un workflow simple avec un Timer et une notification Slack

1-Ajouter un nœud "Cron" (Minuteur périodique)

- Cliquez sur "+" et ajoutez **Cron**
- Configurez-le pour s'exécuter **toutes les minutes**

2-Ajouter un nœud "Slack" (Notification)

- Recherchez **Slack** et ajoutez-le
- Connectez-le au **nœud "Cron"**
- Configurez votre **WebHook Slack** pour envoyer un message

3-Exécuter le workflow

- Cliquez sur **"Exécuter"**
- Vérifiez dans votre **Slack** que le message est bien envoyé !

Résultat : n8n enverra automatiquement un message Slack **toutes les minutes**.

Exemple 2 : Un workflow avec API (Appel HTTP + Enregistrement Google Sheets)

1-Ajouter un nœud "HTTP Request" (Requête API)

- Configurez-le pour récupérer des **données météo** :
- https://api.open-meteo.com/v1/forecast?latitude=48.8566&longitude=2.3522&daily=temperature_2m_max&timezone=Europe/Paris
- Testez et vérifiez que vous recevez une réponse JSON

2-Ajouter un nœud "Google Sheets" (Stockage des données)

- Connectez Google Sheets
- Enregistrez **la température du jour** dans un fichier

Résultat : Chaque jour, la température sera récupérée et enregistrée dans un Google Sheets **automatiquement**.

3.3 Gestion des Nœuds et Types de Connexions

Types de Nœuds les Plus Utilisés

1. **Nœuds de déclenchement ("Trigger")**
   o **Webhook** : Démarre un workflow lorsqu'un événement externe se produit
   o **Cron** : Démarre un workflow à une heure précise
2. **Nœuds de traitement des données**
   o **Set** : Définit des valeurs spécifiques
   o **Function** : Exécute du **code JavaScript personnalisé**
3. **Nœuds d'intégration avec des services**
   o **HTTP Request** : Interagit avec des **API externes**
   o **Slack, Telegram, Discord** : Envoie des notifications

Connecter et Organiser les Nœuds

- **Drag & Drop** : Déplacez les nœuds pour une meilleure organisation
- **Connexions multiples** : Un nœud peut **envoyer des données à plusieurs nœuds**
- **Commentaires et regroupements** : Utilisez des **Groupes** pour structurer vos workflows

---

3.4 Exécution et Débogage

1-Exécution pas à pas

- Cliquez sur **"Exécuter le workflow"**
- Chaque nœud affiche **les données d'entrée et de sortie**
- Vous pouvez voir où une **erreur se produit**

2-Débogage avec le Journal d'Exécution

- Affichez les **logs d'erreur** en bas à droite
- Vérifiez le **JSON d'entrée et de sortie** de chaque nœud

3-Sauvegarde et versionning

- **Sauvegardez régulièrement** ()
- Exportez vos workflows en JSON pour **les partager**

Conclusion

Vous savez maintenant comment utiliser **l'interface de n8n**, créer vos **premiers workflows**, utiliser des **nœuds variés** et **déboguer efficacement**.

Chapitre 4 : Utilisation des Nœuds Standards

Les **nœuds** sont les éléments de base d'un workflow dans **n8n**. Ils permettent d'automatiser des tâches en interagissant avec des services externes, des bases de données et des APIs.

Dans ce chapitre, nous allons explorer les **nœuds standards** et voir comment les utiliser dans des workflows **pratiques et efficaces**.

4.1 Triggers : Déclencheurs de Workflows

Les **nœuds de déclenchement** (Triggers) sont indispensables pour démarrer un workflow de manière automatique.

1-Webhooks : Déclencher un workflow depuis une API

Le nœud **Webhook** permet à un workflow de démarrer lorsqu'il reçoit une requête HTTP externe.

Exemple : Automatiser l'enregistrement des leads depuis un formulaire

+ **Objectif** : Lorsqu'un utilisateur soumet un formulaire sur un site web, ses données sont enregistrées dans **Google Sheets**.

Étapes :

1. **Ajoutez un nœud "Webhook"**
   - Configurez en **POST**
   - Copiez l'URL générée par n8n
   - Ajoutez cette URL dans un formulaire web (Typeform, Google Forms, etc.)
2. **Ajoutez un nœud "Google Sheets"**
   - Connectez votre compte Google
   - Stockez les informations du formulaire dans une feuille

Résultat : Chaque nouvelle soumission alimente automatiquement votre base de données.

2-Cron : Planifier l'exécution d'un workflow

Le nœud **Cron** permet d'exécuter un workflow **à intervalles réguliers**.

Exemple : Envoyer un rapport météo quotidien par email

+ **Objectif** : Tous les matins à 8h, récupérer la météo et envoyer un email.

Étapes :

1. **Ajoutez un nœud "Cron"**
   o Configurez-le pour s'exécuter tous les jours à **08:00**
2. **Ajoutez un nœud "HTTP Request"**
   o Récupérez les données météo via une API comme **OpenWeatherMap**
3. **Ajoutez un nœud "Email" (SMTP, Gmail, Outlook)**
   o Configurez le mail et envoyez les données météo

Résultat : Un email automatique est envoyé tous les jours avec la météo.

4.2 Manipulation des Données : JSON, CSV, Bases de Données

Les workflows nécessitent souvent de **traiter et transformer des données** avant de les utiliser.

1-JSON : Structurer et Modifier des Données

Le format **JSON** est couramment utilisé dans les APIs et les bases de données.

Exemple : Extraire des informations spécifiques d'une API

+ **Objectif** : Appeler une API et extraire uniquement le prix d'un produit.

Étapes :

1. **Ajoutez un nœud "HTTP Request"**
   - Appelez une API e-commerce, par ex. :
   - https://fakestoreapi.com/products/1
   - La réponse contient :
   - {
   - "id": 1,
   - "title": "T-shirt rouge",
   - "price": 19.99,
   - "category": "clothing"
   - }
2. **Ajoutez un nœud "Set"**
   - Sélectionnez uniquement le champ "price"

Résultat : Vous récupérez **uniquement le prix** pour l'envoyer dans un autre service.

2-CSV : Lire et Écrire des Fichiers

Le format **CSV** est utilisé pour gérer des bases de données et exporter des rapports.

Exemple : Convertir un fichier CSV en JSON et l'envoyer à une API

Étapes :

1. **Ajoutez un nœud "Read Binary File"**
   - Sélectionnez un fichier **CSV** contenant une liste d'emails
2. **Ajoutez un nœud "CSV to JSON"**
   - Convertissez les données
3. **Ajoutez un nœud "HTTP Request"**
   - Envoyez les emails à une API marketing (Mailchimp, Brevo)

Résultat : Automatisation de l'importation des contacts en quelques secondes.

3-Bases de Données : Lire et Écrire dans MySQL / PostgreSQL

Les **nœuds de bases de données** permettent d'interagir avec MySQL, PostgreSQL, MongoDB, etc.

Exemple : Enregistrer des commandes e-commerce dans une base de données

Étapes :

1. **Ajoutez un nœud "Webhook"**
   - o Capturez les données de commande d'un site e-commerce
2. **Ajoutez un nœud "PostgreSQL"**
   - o Enregistrez les données dans la table orders

Résultat : Votre base de données se met à jour en temps réel.

4.3 Automatisations Courantes : Email, Slack, Google Sheets, Notion

1-Envoi et Gestion des Emails

L'**envoi d'emails automatisé** est une des fonctionnalités les plus utilisées en entreprise.

Exemple : Envoi automatique d'un email de bienvenue

Étapes :

1. **Ajoutez un nœud "Webhook"**
   - o Déclencheur lorsqu'un nouvel utilisateur s'inscrit
2. **Ajoutez un nœud "Gmail" ou "SMTP"**
   - o Envoyez un email de bienvenue

Résultat : Automatisation du **marketing par email**.

2-Slack : Envoyer des Notifications

Slack est un excellent moyen de **recevoir des alertes et des rapports**.

Exemple : Envoyer une alerte sur Slack lorsqu'un paiement échoue

Étapes :

1. **Ajoutez un nœud "Webhook"**
   - o Capturez les paiements refusés d'un site e-commerce
2. **Ajoutez un nœud "Slack"**
   - o Configurez le message et l'envoyez à un canal

Résultat : Les équipes reçoivent une **alerte immédiate**.

3-Google Sheets : Stocker des Données

Google Sheets permet de **stocker et analyser des données sans base de données**.

Exemple : Ajouter automatiquement des leads dans une feuille Google Sheets

Étapes :

1. **Ajoutez un nœud "Webhook"**
   - Capturez les données d'un formulaire
2. **Ajoutez un nœud "Google Sheets"**
   - Ajoutez les données à une feuille

Résultat : Base de données dynamique des prospects.

4-Notion : Gérer des Bases de Connaissances

Notion est idéal pour **stocker des tâches et documents automatiquement**.

Exemple : Ajouter une tâche dans Notion lorsqu'un email important est reçu

Étapes :

1. **Ajoutez un nœud "Email Trigger"**
   - Capturez les emails contenant "URGENT"
2. **Ajoutez un nœud "Notion"**
   - Créez une **nouvelle tâche** avec le sujet de l'email

Résultat : Les tâches critiques sont enregistrées **sans effort**.

Conclusion

Les **nœuds standards de n8n** permettent d'automatiser **une grande variété de tâches**, du traitement de données aux notifications et intégrations API.

Chapitre 5 : Intégrations et Connecteurs

L'un des principaux atouts de **n8n** est sa capacité à s'intégrer avec **des centaines d'outils et d'API tierces**. Que ce soit pour **envoyer des données, récupérer des informations ou automatiser des processus**, n8n propose de nombreux connecteurs prêts à l'emploi.

Dans ce chapitre, nous verrons comment :
+ Se connecter à des **APIs tierces**
+ Gérer l'**authentification API (OAuth 2.0, API Key, JWT)**
+ Sécuriser les **clés API et variables d'environnement**

5.1 Intégration avec des API Tierces

1-Principe des API et des Connecteurs

Une **API (Application Programming Interface)** permet à deux applications de communiquer entre elles.
Dans **n8n**, plusieurs méthodes existent pour intégrer une API :
+ **Utiliser un nœud préconfiguré** (ex: Google Drive, Notion, Slack, Shopify...)
+ **Utiliser le nœud "HTTP Request"** pour interagir avec des APIs non natives

2-Utilisation d'un Connecteur Préconfiguré

De nombreux services populaires ont déjà un connecteur dans **n8n**.

Exemple : Automatiser la création de contacts dans HubSpot

Étapes :

1. **Ajoutez un nœud "HubSpot"**
   o Configurez la connexion avec votre compte HubSpot
2. **Ajoutez un nœud "Webhook"**
   o Capturez des données depuis un formulaire web
3. **Reliez le nœud "HubSpot"**

o   Créez un contact avec les informations reçues

Résultat : Chaque nouveau lead est **automatiquement ajouté** à votre CRM.

3-Appeler une API avec "HTTP Request"

Lorsque **n8n** ne propose pas de connecteur natif, vous pouvez utiliser le nœud **"HTTP Request"** pour interagir avec n'importe quelle API REST.

Exemple : Récupérer les derniers tweets d'un utilisateur

Étapes :

1. **Ajoutez un nœud "HTTP Request"**
   o   URL : https://api.twitter.com/2/tweets?ids=XXXXX
   o   Méthode : GET
   o   Authentification : Bearer Token
2. **Ajoutez un nœud "Set"**
   o   Filtrez uniquement les **textes des tweets**
3. **Ajoutez un nœud "Slack"**
   o   Envoyez les tweets dans un canal Slack

Résultat : À chaque exécution, n8n récupère et publie les derniers tweets.

5.2 OAuth 2.0 et Authentification API

Les API nécessitent souvent une authentification pour garantir la **sécurité des données**. n8n gère plusieurs types d'authentification :
+ **API Key**
+ **OAuth 2.0**
+ **JWT (JSON Web Token)**

1-Utilisation d'une API Key

Certaines API comme OpenWeather ou Google Maps nécessitent une **API Key**.

Exemple : Récupérer la météo avec OpenWeather

Étapes :

1. **Ajoutez un nœud "HTTP Request"**
   - o URL :
     https://api.openweathermap.org/data/2.5/weather?q=Paris&appid=VOTRE_CL
     E_API
2. **Ajoutez un nœud "Set"**
   - o Sélectionnez uniquement la température et la description météo

Résultat : Vous obtenez **les prévisions météo en direct**.

2-Authentification OAuth 2.0

L'**OAuth 2.0** est un protocole qui permet d'accéder aux API **sans exposer directement les identifiants**. Il est utilisé par **Google, Facebook, Stripe, Dropbox**, etc.

Exemple : Connecter n8n à Google Drive

Étapes :

1. **Ajoutez un nœud "Google Drive"**
2. **Choisissez "OAuth 2.0" comme méthode d'authentification**
3. **Connectez votre compte Google**
4. **Ajoutez un nœud "Webhook" pour surveiller un dossier**

Résultat : Chaque fichier ajouté dans Google Drive **déclenche une action**.

3-Authentification JWT

Certaines API nécessitent un **JWT (JSON Web Token)** pour l'authentification.

Exemple : Accéder à une API sécurisée avec JWT

Étapes :

1. **Ajoutez un nœud "HTTP Request"**
   - o Configurez une **requête POST** pour générer un token JWT

2. **Stockez le token dans une variable**
3. **Utilisez ce token pour une nouvelle requête API**

Résultat : Vous sécurisez l'accès à une API REST privée.

5.3 Gestion des Clés API et Variables d'Environnement

Il est important de ne pas **exposer vos clés API** directement dans les workflows.

1-Stocker les clés API dans n8n

Étapes :

1. **Allez dans "Paramètres" > "Credentials"**
2. **Ajoutez une nouvelle clé API**
3. **Utilisez cette clé dans vos workflows**

Résultat : Vos clés sont sécurisées et réutilisables dans plusieurs workflows.

2-Utiliser des Variables d'Environnement

Si vous déployez n8n sur un **serveur VPS ou Docker**, utilisez des **variables d'environnement** pour stocker vos identifiants.

Exemple : Définir une clé API comme variable d'environnement

Sur Docker Compose :

```
environment:
  - N8N_API_KEY=sk_xxx
```

Utilisation   dans   n8n   :
Ajoutez {{$env.N8N_API_KEY}} dans votre **nœud "HTTP Request"**.

Résultat : Les **clés API ne sont jamais stockées en dur** dans n8n.

Conclusion

Ce que vous avez appris dans ce chapitre :

+ Comment connecter n8n à **des APIs tierces**

+ Comment gérer **l'authentification (API Key, OAuth, JWT)**

+ Comment **sécuriser les clés API avec des variables d'environnement**

Chapitre 6 : Personnalisation avec du Code (JavaScript, Python)

Bien que **n8n** soit un outil **low-code**, il offre une grande flexibilité grâce aux **Function Nodes**, qui permettent d'écrire du **JavaScript personnalisé**. De plus, avec des appels API et des interactions avec des bases de données, on peut pousser l'automatisation encore plus loin.

Dans ce chapitre, nous verrons :

+ **Les Function Nodes en JavaScript**

+ **L'exécution de scripts pour manipuler des données**

+ **L'interaction avec des bases de données et API externes**

6.1 Utilisation des Function Nodes

Les **Function Nodes** permettent d'exécuter du **JavaScript** directement dans un workflow n8n. Ils sont utiles pour :

+ Manipuler des données (nettoyage, transformation, filtrage)

+ Effectuer des calculs complexes

+ Créer des boucles et des conditions avancées

1-Ajouter un Function Node

Étapes :

1. **Ajoutez un nœud "Function"**
2. **Utilisez return items; pour traiter les données**
3. **Écrivez du code JavaScript personnalisé**

2-Exemples d'utilisation des Function Nodes

+ **Exemple 1 : Transformer des données (formatage d'un nom de client)**

Problème : Vous recevez des noms en majuscules ("DUPONT JEAN") et voulez les convertir en "**Jean Dupont**".

Code JavaScript dans un Function Node :

```
return items.map(item => {
```

```
const name = item.json.name.toLowerCase().split(" ");
const formattedName = name.map(n => n.charAt(0).toUpperCase() + n.slice(1)).join(" ");
return { json: { formattedName } };
});
```

Résultat : "DUPONT JEAN" devient "Jean Dupont".

+ Exemple 2 : Ajouter un délai entre deux étapes

Problème : Vous voulez ajouter un **délai de 5 secondes** avant d'exécuter la prochaine action.

Code JavaScript dans un Function Node :

```
async function wait(ms) {
  return new Promise(resolve => setTimeout(resolve, ms));
}

await wait(5000);
return items;
```

Résultat : Le workflow attend **5 secondes** avant de continuer.

+ Exemple 3 : Appliquer un filtre sur une liste de données

Problème : Vous avez une liste d'objets et voulez **conserver uniquement ceux dont le prix est supérieur à 100€**.

Code JavaScript dans un Function Node :

```
return items.filter(item => item.json.price > 100);
```

Résultat : Seuls les éléments avec un prix > 100€ sont conservés.

6.2 Exécution de Scripts pour Manipuler des Données

Bien que **n8n** ne supporte que **JavaScript** dans les Function Nodes, il est possible d'exécuter **Python** ou d'autres langages via des appels API ou en interaction avec un serveur externe.

1-Utilisation de Python avec n8n

Si vous avez un **script Python**, vous pouvez l'exécuter via :

+ Un **nœud "Execute Command"** sur un serveur local

+ Un **appel API vers un serveur Flask/Django**

+ Une **intégration avec Google Colab ou AWS Lambda**

+ Exemple : Exécuter un script Python via API

Vous avez un script script.py qui analyse du texte et retourne une analyse de sentiment.

Script Python (sur un serveur Flask) :

```python
from flask import Flask, request, jsonify
from textblob import TextBlob

app = Flask(__name__)

@app.route('/analyze', methods=['POST'])
def analyze():
    data = request.json
    sentiment = TextBlob(data['text']).sentiment.polarity
    return jsonify({"sentiment": sentiment})

if __name__ == '__main__':
    app.run(port=5000)
```

Dans n8n (nœud HTTP Request) :

- URL : http://localhost:5000/analyze
- Méthode : POST
- Body : { "text": "Ce produit est excellent !" }

Résultat : Le script Python retourne un score de **sentiment positif**.

6.3 Interaction avec des Bases de Données et API Externes

n8n permet d'interagir avec **SQL, NoSQL, Firebase, MongoDB, PostgreSQL**, etc.

1-Exemple : Récupérer des données d'une base PostgreSQL

Étapes :

1. **Ajoutez un nœud "PostgreSQL"**
2. **Entrez la requête SQL**

SELECT * FROM clients WHERE ville = 'Paris';

3. **Traitez les résultats avec un Function Node**

Résultat : Vous récupérez uniquement les clients parisiens.

2-Exemple : Insérer des données dans une base MySQL

Étapes :

1. **Ajoutez un nœud "MySQL"**
2. **Requête SQL d'insertion**

INSERT INTO commandes (id_client, montant) VALUES ({{$json["id"]}}, {{$json["montant"]}});

Résultat : Une nouvelle commande est enregistrée.

6.4 Automatisations Avancées avec API et JavaScript

+ Exemple : Envoi automatique de factures avec Stripe

Objectif : À chaque nouvelle vente, générer une facture avec Stripe et l'envoyer par email.

Workflow :

1. **Webhook** → Déclenchement lors d'une vente
2. **Function Node** → Transformation des données
3. **Stripe API** → Génération de la facture
4. **Email (SMTP)** → Envoi de la facture au client

Résultat : Les clients reçoivent **automatiquement leurs factures** après un achat.

Conclusion

Ce que vous avez appris dans ce chapitre :
+ Personnaliser n8n avec du JavaScript dans les Function Nodes
+ Exécuter des scripts pour transformer et manipuler les données
+ Interagir avec des bases de données et des API externes

Chapitre 7 : n8n pour les Professionnels

Une fois que vous maîtrisez les bases de **n8n**, il est temps d'optimiser vos workflows pour **une performance maximale**, de gérer les erreurs de manière robuste et d'explorer les **cas d'usage avancés** comme l'**intégration avec l'IA et le Machine Learning**.

+ **Optimisation des workflows pour la performance**
+ **Gestion des logs et monitoring**
+ **Sauvegarde et reprise après erreur**
+ **Automatisations avancées : Machine Learning, Chatbots, IA**

7.1 Optimisation des Workflows pour la Performance

Lorsqu'un **workflow** devient complexe, il peut ralentir ou consommer trop de ressources. Voici quelques **bonnes pratiques** pour l'optimiser.

1-Utiliser des exécutions parallèles

Par défaut, les workflows **s'exécutent séquentiellement**. Pour accélérer un processus, utilisez l'exécution en **parallèle**.

Exemple : Traitement de 100 fichiers CSV

- **Solution rapide** : Découper les fichiers en **petits lots** et les traiter en parallèle avec plusieurs **nœuds en simultané**.

+ **Activation du mode parallèle :**

1. Allez dans **Workflow Settings**
2. Activez "**Execute in Parallel**"
3. Ajustez le nombre de threads

Résultat : 50% de gain de temps sur les traitements lourds !

2-Minimiser l'utilisation des Webhooks synchrones

Les **Webhooks synchrones** (qui attendent une réponse) bloquent l'exécution du workflow.

Solution   :
+ Utiliser un **Webhook asynchrone** pour ne pas bloquer les requêtes entrantes.

Résultat : Une exécution fluide et sans surcharge !

3-Utiliser des Bases de Données pour Stocker des Données Temporaires

Si un workflow génère **beaucoup de données intermédiaires**, il est préférable d'utiliser une **base de données** plutôt que de stocker tout en mémoire.

Exemple : Traitement d'un **flux massif de commandes**

- X Mauvaise pratique : Stocker les commandes dans **n8n en mémoire**
- + Bonne pratique : Utiliser **PostgreSQL / Firebase** pour stocker temporairement les commandes en attente

---

7.2 Gestion des Logs et Monitoring

Un bon monitoring permet d'anticiper les erreurs avant qu'elles n'affectent la production.

1-Activer les Logs dans n8n

Commandes pour activer les logs sur un serveur :

```
export N8N_LOG_LEVEL=debug
export N8N_LOG_OUTPUT=file
export N8N_LOG_FILE=/var/log/n8n.log
```

Résultat : Toutes les erreurs et exécutions sont enregistrées dans un fichier.

2-Utiliser un Dashboard pour Suivre les Workflows

Outils recommandés :
+ **Grafana** pour un **suivi visuel des performances**
+ **Prometheus** pour la **collecte de métriques**
+ **Sentry** pour la **détection automatique d'erreurs**

Intégration avec n8n :

1. Ajoutez un **nœud HTTP Request**
2. Envoyez les logs vers Grafana / Prometheus
3. Analysez les performances en temps réel

Résultat : Vous visualisez en **temps réel** quels workflows consomment trop de ressources !

7.3 Sauvegarde et Reprise Après Erreur

Même avec un bon monitoring, des erreurs peuvent survenir. Il faut donc une **stratégie de reprise automatique**.

1-Activer le Mode Reprise Automatique

Étapes :

1. Allez dans **Settings > Error Handling**
2. Activez "**Retry on Failure**"
3. Configurez le **nombre de tentatives** et le **délai entre chaque tentative**

Résultat : Si un workflow échoue, il se **relance automatiquement** après quelques minutes.

2-Sauvegarde des Workflows et Données

Commandes pour sauvegarder tous les workflows n8n :

```
docker exec -it n8n /bin/bash
tar -czf backup_n8n.tar.gz /home/node/.n8n
```

Résultat : En cas de problème, vous pouvez restaurer n8n avec votre dernière sauvegarde.

7.4 Automatisations Avancées : Machine Learning, Chatbots, IA

n8n peut être intégré avec des services **d'IA** pour automatiser des tâches avancées.

1-Exemple : Générer des Réponses Automatiques avec un Chatbot IA

Objectif : Créer un **Chatbot AI** qui répond aux clients avec **OpenAI (GPT-4)**.

Workflow :

1. **Webhook** → Reçoit la question d'un utilisateur
2. **Function Node** → Nettoie et formate la question
3. **API OpenAI** → Envoie la question et récupère la réponse
4. **Email / Slack** → Retourne la réponse au client

Code dans le nœud HTTP Request (Appel OpenAI) :

```
{
  "model": "gpt-4",
  "prompt": "Réponds de manière professionnelle : {{$json['message']}}",
  "temperature": 0.7
}
```

Résultat : Le client reçoit **automatiquement une réponse intelligente** en quelques secondes !

2-Exemple : Analyse de Données et Prédiction avec un Modèle ML

Objectif : Prédire **si un client va acheter un produit** en fonction de son comportement.

Workflow :

1. **Webhook** → Capture les données client
2. **API Scikit-learn (Flask)** → Exécute le modèle ML
3. **MySQL** → Stocke les prédictions
4. **Email** → Alerte l'équipe marketing

Code Python pour l'API de Prédiction :

```python
from flask import Flask, request, jsonify
import joblib

app = Flask(__name__)
```

```
model = joblib.load("model.pkl")

@app.route('/predict', methods=['POST'])
def predict():
    data = request.json
    prediction = model.predict([data['features']])
    return jsonify({"prediction": int(prediction[0])})

if __name__ == '__main__':
    app.run(port=5001)
```

**Intégration dans n8n (HTTP Request vers localhost:5001/predict)
Résultat : n8n peut déclencher des prédictions en temps réel** sur des comportements clients !

Conclusion

Ce que vous avez appris dans ce chapitre :

+ **Optimiser les workflows pour une performance maximale**

+ **Surveiller et loguer les erreurs en temps réel**

+ **Mettre en place une reprise après erreur et une stratégie de sauvegarde**

+ **Intégrer n8n avec des Chatbots et du Machine Learning**

Chapitre 8 : Hébergement et Scalabilité

Lorsqu'on utilise **n8n en production**, il faut choisir une solution d'hébergement qui garantit **fiabilité, sécurité et évolutivité**.

Dans ce chapitre, nous allons voir :

+ **Auto-hébergement vs n8n Cloud**

+ **Installation avec Docker Compose**

+ **Mise en place d'un Load Balancer**

8.1 Auto-hébergement vs n8n Cloud

Avant d'héberger n8n, il faut choisir entre :
+ **n8n Cloud** : Géré par n8n, facile à utiliser, mais payant
+ **Auto-hébergement** : Plus flexible, mais nécessite des compétences techniques

Critère	n8n Cloud	Auto-hébergement
Coût	Payant	Gratuit (sauf serveur)
Facilité	Très simple	Installation requise
Personnalisation	Limitée	Totale
Scalabilité	Automatique	Manuelle
Sécurité	Gérée par n8n	À configurer soi-même

Conclusion :

- Si vous voulez une solution **clé en main**, prenez **n8n Cloud**.
- Si vous voulez un **contrôle total**, optez pour **l'auto-hébergement**.

8.2 Auto-hébergement avec Docker Compose

L'installation avec Docker Compose permet d'avoir **n8n fonctionnel en quelques minutes** sur un VPS ou un serveur dédié.

Pré-requis :
+ **Un serveur Linux (VPS, dédié, ou cloud : AWS, GCP, DigitalOcean, etc.)**
+ **Docker et Docker Compose installés**

Installation de Docker et Docker Compose :

```
# Installer Docker
curl -fsSL https://get.docker.com -o get-docker.sh
sh get-docker.sh

# Installer Docker Compose
sudo apt install docker-compose -y
```

Fichier `docker-compose.yml` pour n8n :

```yaml
version: "3"

services:
  n8n:
    image: n8nio/n8n
    container_name: n8n
    restart: always
    environment:
      - N8N_BASIC_AUTH_ACTIVE=true
      - N8N_BASIC_AUTH_USER=admin
      - N8N_BASIC_AUTH_PASSWORD=securepassword
      - N8N_LOG_LEVEL=debug
      - N8N_ENCRYPTION_KEY=mysecretkey
    ports:
      - "5678:5678"
    volumes:
      - n8n_data:/home/node/.n8n

volumes:
  n8n_data:
    driver: local
```

Démarrer n8n avec Docker Compose :

```
docker-compose up -d
```

Résultat : n8n tourne en arrière-plan sur votre serveur et est accessible via http://votre-ip:5678

8.3 Load Balancing et Optimisation de la Charge

Lorsqu'un workflow devient **très sollicité**, un seul serveur peut ne plus suffire. La **solution** : mettre en place **un load balancer et plusieurs instances n8n**.

1-Ajouter plusieurs instances n8n

Modification du `docker-compose.yml` pour plusieurs instances

```yaml
services:
  n8n1:
    image: n8nio/n8n
    environment:
      - EXECUTIONS_MODE=queue
```

```
    depends_on:
      - redis
    ports:
      - "5678:5678"

  n8n2:
    image: n8nio/n8n
    environment:
      - EXECUTIONS_MODE=queue
    depends_on:
      - redis
    ports:
      - "5679:5678"

  redis:
    image: redis:6
```

Résultat : Deux instances de n8n fonctionnent en parallèle et partagent la charge.

2-Load Balancing avec Nginx

Installer Nginx

sudo apt update && sudo apt install nginx -y

Configuration de Nginx (/etc/nginx/sites-available/n8n)

```
upstream n8n_backend {
    server 127.0.0.1:5678;
    server 127.0.0.1:5679;
}

server {
    listen 80;
    server_name votredomaine.com;

    location / {
        proxy_pass http://n8n_backend;
        proxy_set_header Host $host;
        proxy_set_header X-Real-IP $remote_addr;
        proxy_set_header X-Forwarded-For $proxy_add_x_forwarded_for;
    }
}
```

Activer la configuration et redémarrer Nginx :

```
sudo ln -s /etc/nginx/sites-available/n8n /etc/nginx/sites-enabled/
sudo systemctl restart nginx
```

Résultat : Les requêtes sont **automatiquement distribuées** entre plusieurs instances n8n, améliorant la rapidité et la stabilité.

3-Mise en place sur Kubernetes (option avancée)

Commandes de déploiement sur Kubernetes :

```
kubectl apply -f n8n-deployment.yml
kubectl apply -f n8n-service.yml
```

Avantages de Kubernetes :
+ Scalabilité automatique
+ Reprise après erreur
+ Gestion avancée des ressources

Conclusion : Kubernetes est **idéal pour une infrastructure très évolutive**.

Conclusion

Ce que vous avez appris dans ce chapitre :
+ **Les différences entre n8n Cloud et l'auto-hébergement**
+ **Comment installer n8n avec Docker Compose**
+ **Comment mettre en place un load balancer pour améliorer la performance**
+ **Comment scaler avec Kubernetes pour une utilisation avancée**

Chapitre 9 : Sécurité et Bonnes Pratiques

Pourquoi la sécurité est-elle cruciale dans n8n ? n8n traite des **données sensibles** et interagit avec des **API externes**, ce qui en fait une cible potentielle pour les **attaques**. Une mauvaise configuration peut **exposer vos workflows** à des utilisateurs non autorisés.

Dans ce chapitre, nous allons voir :

+ **La gestion des permissions et des accès**

+ **La protection contre les injections et attaques API**

+ **Le chiffrement et stockage des données sensibles**

9.1 Gestion des Permissions et des Accès

Activer l'authentification basique

Par défaut, n8n **n'a pas d'authentification** activée en mode auto-hébergé. Pour éviter tout accès non autorisé, il est **impératif d'activer l'authentification**.

Ajoutez ces lignes dans votre docker-compose.yml :

```
environment:
  - N8N_BASIC_AUTH_ACTIVE=true
  - N8N_BASIC_AUTH_USER=admin
  - N8N_BASIC_AUTH_PASSWORD=motdepassefort
```

Ou lancez n8n avec ces options (mode non Docker) :

```
export N8N_BASIC_AUTH_ACTIVE=true
export N8N_BASIC_AUTH_USER=admin
export N8N_BASIC_AUTH_PASSWORD=motdepassefort
n8n start
```

Résultat : n8n demandera un identifiant et un mot de passe à chaque connexion.

Restreindre l'accès à l'interface

Si vous utilisez **n8n sur un serveur public**, restreignez l'accès à une **IP spécifique**.

Exemple : Bloquer toutes les IP sauf une (via Nginx)

```
location / {
    allow 192.168.1.100;  # Remplacez par votre IP autorisée
    deny all;
    proxy_pass http://127.0.0.1:5678;
}
```

Gestion des utilisateurs (n8n Cloud uniquement)

Si vous utilisez **n8n Cloud**, vous pouvez **créer des utilisateurs** avec différents rôles :

+ **Administrateur** : contrôle total

+ **Utilisateur** : accès limité aux workflows

+ **Invité** : accès en lecture seule

n8n Cloud permet également la connexion via OAuth2 et SAML, pour une intégration avec **Google Workspace, Microsoft Azure, etc.**

9.2 Protection contre les Injections et Attaques API

Désactiver les accès publics aux workflows sensibles

Si un workflow ne doit pas être accessible publiquement, désactivez l'option "Public" dans les paramètres du webhook.

Filtrer les entrées utilisateur pour éviter les injections

Exemple : Éviter les injections SQL dans un workflow interagissant avec une base de données
X Mauvais (non sécurisé) :

```
SELECT * FROM utilisateurs WHERE email = '{{ $json["email"] }}';
```

+ Correct (sécurisé) :

```
SELECT * FROM utilisateurs WHERE email = $1;
```

Utilisez **des paramètres liés** ($1, $2, etc.) pour éviter les injections SQL.

Protéger les Webhooks contre les attaques

1-Vérifier   l'origine   des   requêtes
Ajoutez une **vérification de l'IP** avant d'exécuter un workflow webhook.
Exemple dans un Function Node :

```
const allowedIPs = ['192.168.1.10', '203.0.113.0'];  // IP autorisées
if (!allowedIPs.includes($json["headers"]["x-forwarded-for"])) {
    throw new Error("Accès refusé !");
```

```
}
return $json;
```

2-Limiter le nombre de requêtes (Rate Limiting)
Ajoutez un **Reverse Proxy** comme **Nginx** ou **Cloudflare** pour limiter les requêtes trop fréquentes.

Exemple : Limiter à 10 requêtes par seconde via Nginx

```
limit_req_zone $binary_remote_addr zone=mylimit:10m rate=10r/s;

server {
   location /webhook/ {
      limit_req zone=mylimit burst=20 nodelay;
      proxy_pass http://127.0.0.1:5678;
   }
}
```

Résultat : Un utilisateur ne pourra pas envoyer plus de **10 requêtes par seconde**.

9.3 Chiffrement et Stockage des Données Sensibles

Chiffrer les mots de passe et tokens API

Utilisez **N8N_ENCRYPTION_KEY** pour chiffrer les données sensibles stockées dans n8n.

Ajoutez cette ligne dans `docker-compose.yml` :

```
environment:
 - N8N_ENCRYPTION_KEY=clétrèssécurisée
```

Résultat : Les **tokens API et mots de passe** seront **chiffrés** en base de données.

Ne pas stocker les clés API en clair

Plutôt que d'entrer une **clé API en dur dans un workflow**, utilisez **les variables d'environnement**.

Exemple : Définir une variable d'environnement dans Docker

```
environment:
  - MY_SECRET_API_KEY=sk_XXXXXXXXXXXXXXXXX
```

Puis utiliser cette variable dans n8n :

```
const apiKey = process.env.MY_SECRET_API_KEY;
```

Résultat : Les clés API **ne seront pas exposées dans les workflows**.

Sécuriser la base de données

Si n8n est connecté à une base de données, assurez-vous que :
+ **L'accès est restreint à une IP spécifique**
+ **Les connexions utilisent TLS** (sslmode=require pour PostgreSQL)
+ **Les backups sont chiffrés**

Conclusion

Ce que vous avez appris dans ce chapitre :
+ **Activer l'authentification pour restreindre l'accès**
+ **Protéger les workflows contre les injections SQL et attaques API**
+ **Limiter les requêtes abusives avec un Reverse Proxy**
+ **Chiffrer les données sensibles avec N8N_ENCRYPTION_KEY**
+ **Stocker les clés API dans des variables d'environnement pour plus de sécurité**

Chapitre 10 : Études de Cas et Projets Complets

Dans ce chapitre, nous allons explorer **trois projets concrets** qui illustrent la puissance de n8n dans des scénarios réels. Vous apprendrez à :

+ **Automatiser un CRM** en connectant différentes applications et en organisant les données clients.
+ **Créer un chatbot intelligent** capable de répondre aux utilisateurs grâce à OpenAI et n8n.
+ **Mettre en place un système de notification intelligent** qui alerte les utilisateurs via plusieurs canaux.

10.1 Automatisation complète d'un CRM

Objectif

Mettre en place un **workflow d'automatisation CRM** qui :

+ **Capture les leads** depuis un formulaire web (ex: Typeform, Google Forms).

+ **Ajoute les contacts** dans un CRM (ex: HubSpot, Pipedrive, Notion).

+ **Envoie un email de bienvenue** et une notification Slack à l'équipe commerciale.

+ **Crée une tâche de suivi** dans Trello ou ClickUp.

Technologies utilisées

- **n8n** (orchestration des workflows)
- **Typeform** (capture des leads)
- **HubSpot/Pipedrive/Notion** (CRM)
- **Gmail/SendGrid** (emails)
- **Slack** (notifications internes)
- **Trello/ClickUp** (gestion des tâches)

Étapes du workflow

1-**Déclenchement** : Un nouveau lead est soumis via **Typeform**.

2-**Ajout au CRM** : n8n **envoie les données** dans **HubSpot** ou **Pipedrive**.

3-**Notification interne** : Un message est envoyé sur **Slack** à l'équipe commerciale.

4-**Envoi d'un email** de bienvenue automatisé.

5⬜**Création d'une tâche de suivi** dans Trello ou ClickUp.

Exemple de configuration du webhook Typeform dans n8n :

```
{
  "nodes": [
    {
      "parameters": {
        "httpMethod": "POST",
        "path": "new-lead"
      },
      "name": "Webhook Typeform",
      "type": "n8n-nodes-base.webhook",
      "position": [200, 300]
    },
    {
      "parameters": {
```

```
    "resource": "contact",
    "operation": "create",
    "email": "={{ $json[\"email\"] }}",
    "firstName": "={{ $json[\"first_name\"] }}",
    "lastName": "={{ $json[\"last_name\"] }}"
  },
  "name": "Ajouter Contact HubSpot",
  "type": "n8n-nodes-base.hubspot",
  "position": [400, 300]
}
]
}
```

Résultat : Chaque lead est **automatiquement ajouté** au CRM, et l'équipe commerciale est notifiée **instantanément**.

10.2 Développement d'un chatbot intelligent avec n8n et OpenAI

Objectif

Créer un **chatbot intelligent** qui :

+ **Répond aux questions des utilisateurs** en utilisant OpenAI (GPT-4).

+ **Enregistre les conversations** dans une base de données.

+ **Envoie des alertes** en cas de question critique.

Technologies utilisées

- **n8n** (workflow et intégration)
- **OpenAI API** (GPT-4)
- **Telegram/WhatsApp** (interface chatbot)
- **Google Sheets/PostgreSQL** (stockage des conversations)
- **Slack/Email** (alertes)

Étapes du workflow

1-**Déclenchement** : Un utilisateur envoie un message via **Telegram**.

2-**Analyse du message** avec **GPT-4** via OpenAI API.

3-**Réponse automatisée** envoyée à l'utilisateur.

4-**Sauvegarde de la conversation** dans **Google Sheets**.

5⬜**Envoi d'une alerte** à un opérateur humain si la question est critique.

Exemple de requête API à OpenAI dans un Function Node :

```
const axios = require("axios");

const prompt = $json["message"]; // Message reçu du chatbot

const response = await axios.post("https://api.openai.com/v1/chat/completions", {
  model: "gpt-4",
  messages: [{ role: "user", content: prompt }],
  temperature: 0.7
}, {
  headers: {
    "Authorization": `Bearer ${process.env.OPENAI_API_KEY}`
  }
});

return {
  reply: response.data.choices[0].message.content
};
```

Résultat : Le chatbot **répond immédiatement** et **stocke chaque conversation** pour analyse.

10.3 Création d'un système de notification intelligent

Objectif

Mettre en place un **système de notifications intelligentes** qui :

+ **Surveille une base de données** ou une API externe.

+ **Envoie une alerte** via **email, Slack ou Telegram** selon le type d'événement.

+ **Applique des règles conditionnelles** pour filtrer les alertes.

+ **Centralise les notifications** dans un Google Sheets ou Notion.

Technologies utilisées

- **n8n** (orchestration des workflows)
- **PostgreSQL/Google Sheets** (données à surveiller)
- **Slack, Telegram, Email** (canaux de notification)
- **Zapier (en complément si besoin)**

Étapes du workflow

1-**Déclenchement** : Une nouvelle entrée est ajoutée dans la base de données.
2-**Filtrage des données** pour vérifier si l'événement est critique.
3-**Envoi d'une alerte ciblée** selon le niveau d'urgence (Email, Slack, Telegram).
4-**Archivage des notifications** dans **Google Sheets**.

Exemple de requête SQL surveillant une base de données PostgreSQL :

SELECT * FROM alertes WHERE statut = 'urgent' ORDER BY date DESC LIMIT 1;

Envoi d'une notification Slack avec n8n :

```
{
  "nodes": [
    {
      "parameters": {
        "channel": "#alerts",
        "text": "Nouvelle alerte urgente : {{$json[\"message\"]}}"
      },
      "name": "Slack Notification",
      "type": "n8n-nodes-base.slack",
      "position": [400, 300]
    }
  ]
}
```

Résultat : Les **alertes sont envoyées en temps réel**, en **fonction de leur criticité**.

Ce que vous avez appris dans ce chapitre :
+ **Automatiser un CRM complet avec des intégrations no-code et low-code**
+ **Créer un chatbot IA intelligent et stocker les conversations**
+ **Mettre en place un système d'alertes conditionnelles avec différents canaux**

Conclusion Générale du Guide

Au fil de ce guide, nous avons exploré **n8n sous toutes ses facettes**, depuis son installation et sa configuration jusqu'à son utilisation avancée pour automatiser des workflows complexes. Vous avez appris à **exploiter tout le potentiel** de cet outil puissant pour orchestrer des tâches, intégrer des applications, et optimiser des processus métier.

Ce que vous avez appris :

+ **Installation et configuration** : Mise en place en local et sur serveur, sécurité et authentification.

+ **Utilisation des nœuds standards** : Webhooks, API, gestion de bases de données et formats de données.

+ **Automatisations avancées** : Intégration avec OpenAI, Slack, Google Sheets, Notion, et bien d'autres.

+ **Personnalisation avec du code** : Exploitation des Function Nodes en JavaScript et Python.

+ **Déploiement et scalabilité** : Hébergement sur Docker, Kubernetes, optimisation des performances.

+ **Sécurité et bonnes pratiques** : Gestion des permissions, chiffrement des données, protection contre les attaques.

+ **Projets concrets** : Automatisation d'un CRM, développement d'un chatbot, et mise en place d'un système d'alertes intelligent.

Pourquoi adopter n8n ?

n8n **démocratise l'automatisation** en offrant une approche **low-code** et **open-source**, permettant aux développeurs comme aux non-techniciens de créer des flux de travail intelligents. Grâce à sa flexibilité et son extensibilité, il est une **alternative puissante aux solutions propriétaires** comme Zapier et Make.

Prochaines étapes :

+ **Expérimentez et créez vos propres workflows** en testant différentes intégrations.
+ **Optimisez vos automatisations** en explorant les modes **batch**, **cache** et les optimisations SQL.
+ **Déployez en production** sur un VPS ou sur Kubernetes pour une utilisation à grande échelle.
+ **Contribuez à la communauté** en développant vos propres nœuds et en partageant vos cas d'usage.

En maîtrisant n8n, vous êtes maintenant **équipé pour automatiser des tâches complexes**, **gagner du temps**, et **améliorer la productivité** de votre organisation ou de vos projets personnels.

L'automatisation est un levier puissant : n8n vous donne les outils, à vous d'imaginer les solutions !

Table des matières